40 EXCUSAS REALES PARA NO GENERAR NEGOCIOS CÓMO ABOGADO (Y CÓMO SUPERARLAS)

EDUARDO JOSÉ PAIZ CEREZO

40 Excusas reales para no generar negocios como abogado (Y como superarlas)

© **2024 Eduardo José Paiz Cerezo**

Todos los derechos reservados. Queda prohibida la reproducción parcial o total de este material por cualquier medio o método sin la autorización por escrito del autor.

40 EXCUSAS REALES PARA NO GENERAR NEGOCIOS CÓMO ABOGADO (Y CÓMO SUPERARLAS)

En este libro la excusa no tiene cabida y la acción lo es todo. En la profesión legal de hoy en día el ganar no se trata solo de lo que ocurre en los tribunales; se trata también de dominar el mercado y conquistarlo. Aquí, no encontrarás empatía, no es un libro para decirte que las excusas autoimpuestas son justificadas, es para desmitificar cada una de ellas e invitarte a la acción.

Generar negocios no es un lujo; es una necesidad en el mercado actual y si quieres ser de los abogados que ganan premios, son reconocidos y lideran sus firmas el momento de empezar es ahora. Si te has convencido de que no puedes hacerlo porque tienes demasiado en tu plato o porque el mercado está saturado, estás jugando a perder. Este libro está aquí para cambiar eso. Está diseñado para abogados que están listos para dejar de lado las excusas y tomar control, y para los líderes de firmas que necesitan saber cómo impulsar a sus equipos más allá de los límites que ellos mismos se imponen.

Los que me conocen saben que soy directo y 100% sincero, así que vayámonos conociendo: si piensas que no necesitas mejorar en la generación de negocios, que tu carrera está perfecta cómo está el día de hoy y que tu trayectoria va exactamente como la imaginaste no necesitas este libro. Pero si quieres más, estás listo para enfrentar tus miedos, romper las barreras y aprender a moverte con la confianza de que puedes controlar tu carrera, entonces estás paginas son el lugar correcto. Aquí no se trata solo de ser buenos abogados; se trata de ser abogados invencibles que no solo conocen la ley, sino que también saben cómo ganar en el mercado legal.

Las soluciones y estrategias para cada una de las objeciones no son suaves ni teóricas; son tácticas probadas, diseñadas para empujarte a actuar. Así que prepárate para una lectura que te sacará de tu zona de confort y te obligará a tomar las riendas y hacer que las cosas sucedan.

Así que, adelante, es hora de transformar esos "no puedo" en "lo haré", es el momento de vernos a nosotros mismos a profundidad e identificar si nos estamos autosaboteando, y hacer algo al respecto.

ÍNDICE

Excusa 1: No traigo más clientes porque no tengo tiempo. ...9

Excusa 2: Siempre he atendido a los clientes de otro socio y no he tenido tiempo de socializar. 10

Excusa 3: No nací en la posición social correcta para conocer a los tomadores de decisiones. 11

Excusa 4: Soy muy joven para ser tomado en serio por clientes potenciales importantes. 12

Excusa 5: No tengo las habilidades sociales necesarias para hacer networking efectivo. 13

Excusa 6: El mercado está muy saturado, todos los posibles clientes ya están atendidos. 14

Excusa 7: Nuestros precios son demasiado altos para atraer a nuevos clientes. 15

Excusa 8: No tengo el apoyo suficiente del resto del equipo para buscar nuevos negocios. 17

Excusa 9: Mi especialidad legal no es demandada en el mercado actual. 18

Excusa 10: No conozco suficiente gente que pueda dirigir clientes hacia mí. 19

Excusa 11: La economía está muy mal ahora; no es un buen momento para atraer clientes. 20

Excusa 12: Estoy demasiado ocupado manteniendo a los clientes que ya tengo. 21

Excusa 13: La firma no invierte en marketing, lo que dificulta la atracción de nuevos clientes. 22

Excusa 14: No tengo un buen mentor que me guíe en cómo desarrollar mi cartera de clientes. 24

Excusa 15: La competencia es muy agresiva y siempre se adelantan. 25

Excusa 16: Mis habilidades están mejor dirigidas a resolver casos, no a generarlos. 26

Excusa 17: La gerencia no me da libertad para explorar nuevas oportunidades de negocio. 27

Excusa 18: No tengo presupuesto para asistir a eventos de networking. 29

Excusa 19: Es difícil medir el retorno de inversión en desarrollo de negocios, prefiero no arriesgarme. 30

Excusa 20: No quiero parecer desesperado por conseguir clientes. 32

Excusa 21: Mi área de práctica es muy sofisticada y eso no atrae a muchos clientes. 33

Excusa 22: No me siento cómodo hablando con desconocidos sobre negocios. 34

Excusa 23: No me gusta vender; no me entrenaron para eso. 35

Excusa 24: Los clientes potenciales suelen buscar firmas con más recursos. 36

Excusa 25: Mi perro se comió mi teléfono celular y perdí todos mis contactos. 37

Excusa 26: No sé cómo utilizar las redes sociales para generar negocios. 38

Excusa 27: Me preocupa no poder ofrecer el mismo nivel de servicio si aumento mi cartera de clientes. 39

Excusa 28: Prefiero concentrarme en mejorar mis habilidades legales antes que en atraer clientes. 40

Excusa 29: No es ética la generación de negocios. 41

Excusa 30: Los buenos clientes son por referencias, y no tengo muchas. 43

Excusa 31: Soy introvertido, lo que me hace networking difícil. 44

Excusa 32: No tengo suficiente experiencia o credibilidad en el mercado 45

Excusa 33: Mis intereses están en la práctica del derecho, no en el aspecto comercial. 46

Excusa 34: La firma no me apoya con recursos adecuados para que pueda dedicarme a generar negocios. 47

Excusa 35: Mi enfoque está en ser un buen abogado, eso debería atraer clientes naturalmente. 48

Excusa 36: Preferiría que alguien más en la firma se encargara del desarrollo de negocios. 49

Excusa 37: Voy a heredar una cartera de clientes del socio que se retira, con eso me basta 50

Excusa 38: Me siento incómodo pidiendo referencias a mis clientes actuales. 51

Excusa 39: No tengo la personalidad para el tipo de venta agresiva que es necesaria hoy en día. 52

Excusa 40: No me beneficiaría a mí directamente, así que no veo el punto. 53

Excusa 41: Creo que mi trabajo debe hablar por sí mismo; no debería necesitar venderme. 54

Sobre el autor 57

1.

Excusa: No traigo más clientes porque no tengo tiempo.

¿Almuerzas? ¿Almuerzas solo? ¿Tienes tiempo de traslado entre tu oficina y tu casa por las mañanas? ¿Hay trabajo que no sea tan complejo que puedas delegarlo en alguien más? ¿Has hecho un análisis de las tareas que ejecutas diariamente para poder delegar las que son sencillas o no generan valor?

Si analizamos realmente nuestro día no pasamos 10 horas diarias haciendo trabajo facturable, y si las pasamos es tiempo de contratar a alguien y crear economías de escala para liberar tiempo para actividades estratégicas.

Aumentar tu cartera de clientes te dará los recursos para contratar personal de calidad que pueda liberarte de trabajo de escritorio. El "no tener tiempo" lo que realmente significa es que no le estamos dando un valor prioritario a determinada tarea, y la generación de nuevas relaciones es fundamental para el crecimiento de tu práctica legal, haz el tiempo.

2.

Excusa: Siempre he atendido a los clientes de otro socio y no he tenido tiempo de socializar.

¿Tienes una buena relación con estos clientes? ¿Confían en ti? ¿Hay alguna restricción para pedirles referencias?

Los clientes que atendemos, independientemente de la fuente que originó la relación entran a ser parte de nuestro circulo de influencia y expanden nuestro capital social. Con la correcta actitud pueden ser personas que te abran puertas a las que sin ellos no tenías acceso, solo tienes que estar dispuesto a utilizarlas.

3.

Excusa: No nací en la posición social correcta para conocer a los tomadores de decisiones.

¿Sabes realmente quien es el que toma la decisión de contratar abogados en las empresas que están en tu mercado objetivo? ¿Todos los clientes de tu firma eran amigos de la infancia del socio fundador?

Sin duda alguna la relación personal previa abre la puerta y permite una conversación que puede derivar en la contratación de servicios legales, pero no es la única forma.

Si tienes claras las características de la persona que contrata servicios legales en las organizaciones que te interesa atender así como sus intereses puedes empezar a frecuentar lugares que estas personas tienden a frecuentar y en el contexto de estas organizaciones, clubs o similares empezar a establecer relaciones con ellos. La generación de negocios no es una venta transaccional, es el resultado de una relación personal y construir estas toma tiempo.

4.

Excusa: Soy muy joven para ser tomado en serio por clientes potenciales importantes.

La forma de romper esta percepción es "super especializarse", si construyes una reputación cómo el especialista en asesorar restaurantes en procesos disciplinarios de personal temporal, no habrán canas que puedan truncar tu credibilidad. La especialización es una excelente forma de sustituir las canas.

Además si empiezas a construir relaciones desde joven, cuando vengan las canas (que inevitablemente vendrán) ya tendrás una lista mucho más extensa en donde poder generar relaciones de negocios.

5.

Excusa: No tengo las habilidades sociales necesarias para hacer networking efectivo.

No necesariamente tienes que hablarle a 100 personas cada evento de networking al que atiendes, valen más, 2 interacciones profundas que permiten un seguimiento y la construcción de una relación, que talar arboles entregando 100 tarjetas que terminarán, con suerte, en una gaveta. Enfoca tus esfuerzos en 2 interacciones significativas y el networking será mucho más agradable y sencillo.

(También no vayas solo a los eventos de networking, si vas con alguien siempre tendrás "espacio seguro" donde regresar entre interacción e interacción para que no te sientas presionado de siempre estar hablando con gente nueva)

6.

Excusa: El mercado está muy saturado, todos los posibles clientes ya están atendidos.

Entonces el mercado era muy limitado, busca otro mercado, es así de sencillo.

Familiarízate con el termino de "Oceano Azul" (*Blue Ocean Strategy* de Renée Mauborgne y W. Chan Kim), este se refiere a identificar o crear mercados con base en necesidades no identificadas para no competir en "océanos rojos" donde todos los demás abogados están tratando de hacerse visibles. Esto te ayudará a identificar mercados no saturados o hasta a crearlos, esta es su página web: https://www.blueoceanstrategy.com/what-is-blue-ocean-strategy/

7.

Excusa: Nuestros precios son demasiado altos para atraer a nuevos clientes.

El posicionamiento de tu firma no permite ofrecer precios más bajos, los precios altos reflejan el valor y la calidad del servicio; la clave está en comunicar ese valor efectivamente.

Consejo: Identifica un *"pain point"* de tu tomador de decisiones, si mediante la experiencia de trabajar contigo le solucionas eso, el precio pasará a segundo plano, es más, todo pasará a segundo plano.

Para identificar un *"pain point"* haz un listado de las tareas diarias de tu tomador de decisiones (*Jobs*), identifica que cosas le hacen quedar bien (*Gains*), que cosas le hacen quedar mal (*Pains*) y amplifica las que le hacen quedar bien, disminuye alguna que le haga quedar mal o hazle más fácil una tarea diaria.

Ejemplo: El tomador de decisiones para un abogado de derecho tributario eran los abogados in-house de empresas que tenían una supervisión por la entidad encargada de la prevención de lavado de dinero. Este reporte debía presentarse mensualmente y debía incluir todas las cuentas "incobrables", estado de los juicios y demás información relevante sobre los asuntos judiciales en los que estaba involucrada su organización. Un abogado habilidoso le ofreció entregarle los reportes de sus casos en este formato para que el solo pudiera reenviarlo a la entidad estatal, ahorrándole así 8 horas de su tiempo mensualmente. Hasta le dijo que podía utilizar ese tiempo para ir al gimnasio (En otra conversación el in-house le había expresado que se sentía mal que no tenía tiempo de entrenar)

Para más información sobre cómo construir una propuesta de valor pueden consultar el libro *Value Proposition Design* de Alan Smith, Alexander Osterwalder, Yves Pigneur y Gregory Bernarda disponible en Amazon en:

https://www.amazon.com/Value-Proposition-Design-Customers-Strategyzer/dp/1118968050

8.

Excusa: No tengo el apoyo suficiente del resto del equipo para buscar nuevos negocios.

El apoyo del equipo es fundamental, pero cuando de generación de negocios hablamos tu iniciativa personal es fundamental. Puede que tengas que meter un par de horas más a la jornada laboral para poder cumplir con tus tareas diarias y aun así salir a construir relaciones, pero recuerda la construcción de relaciones y captación de clientes será lo que dicte en el futuro el éxito de tu carrera.

Para involucrar al equipo puedes proponer iniciativas de desarrollo de negocios que sean beneficiosas para ellos, por ejemplo liderar esfuerzos de *Cross-Selling*, invitarles a hacer *networking* en conjunto o darles una copia de este libro para que ellos mismos puedan afrontar sus propias excusas.

9.

Excusa: Mi especialidad legal no es demandada en el mercado actual.

Los mercados evolucionan, lo cual puede ser una oportunidad para adaptarse y explorar áreas complementarias o emergentes, a lo que nos referimos es adáptate a las necesidades del mercado actual y especialízate en un área relacionada y complementaria, esto te permitirá conocer más a profundidad los mercados y poder presentar los servicios de tu especialidad en un contexto que aporte valor a tu mercado objetivo.

10.

EXCUSA: NO CONOZCO SUFICIENTE GENTE QUE PUEDA DIRIGIR CLIENTES HACIA MÍ.

Todos nacimos solo conociendo a nuestra mamá, hasta a nuestro papá lo conocimos después. Si tienes identificado un mercado objetivo específico identifica personas que pueden ser referidores dentro de dicho mercado. Un buen referidor es alguien que por su posición, profesión o circunstancias tiene relación constante con el mercado que nos interesa, al identificar a esta persona invitémosle a tomar un café, conozcámosla y juntos exploren formas de colaborar.

Tip: Los mejores referidores para los abogados son... otros abogados no lo olvides.

Ejemplos de potenciales referidores:

Mercado	Servicio	Referidor
Restaurantes	Derecho Laboral	Consultores de operaciones en restaurantes
Empresas de importación	Asesoría en derecho aduanero	Agentes de aduanas
Empresas Familiares	Planificación Patrimonial	Vendedores de seguros
Mujeres casadas	Divorcios	Psicólogos.

11.

Excusa: La economía está muy mal ahora; no es un buen momento para atraer clientes.

Todas las áreas del derecho tienen dos tipos de servicios, los servicios cíclicos y los anticíclicos.

Los servicios cíclicos son aquellos que tienen mayor demanda cuando la economía está bien, los anticíclicos tienen mayor demanda cuando la economía se ralentiza. Enfócate en promover los servicios que tienen mayor demanda en la coyuntura actual.

Servicios cíclicos	Servicios Anticíclicos
Fusiones y adquisiciones	Quiebras
Constitución de régimen de propiedad horizontal	Renegociación de contratos de arrendamiento
Estructuraciones laborales	Manejo de despidos / Suspensión de contratos
Escrituración de créditos	Ejecuciones hipotecarias

12.

Excusa: Estoy demasiado ocupado manteniendo a los clientes que ya tengo.

¡Haz tiempo! Conversa con los socios de la firma (o tus socios) sobre la posibilidad de traer un perfil más junior que tu y delega todas las tareas que esta persona pueda ejecutar y el tiempo adicional que tengas dedícalo a actividades de generación de negocios.

Si no tienes la posibilidad de incorporar a alguien más utiliza los tiempos muertos o de ocio para construir relaciones, entérate que hacen todas las personas de tu equipo de futbol, nunca almuerces solo, si vas a una boda asegúrate de enterarte a que se dedica la gente con la que estás sentado en la mesa, haz un inventario de tus amigos, identifica a cuales no has visto o les has hablado recientemente y llámales para ver cómo están y contarles a que te dedicas, y si son de mucha confianza directamente diles que quieres atenderlos a ellos o que te refieran con alguien.

13.

Excusa: La firma no invierte en marketing, lo que dificulta la atracción de nuevos clientes.

La marca personal es exactamente eso: PERSONAL. Si tu firma no invierte en marketing es inconsecuente para tu marca personal, tu debes hacerte cargo de controlar cómo te percibe el mercado.

Construye un blog, puedes utilizar Wix para hacerlo y luego por USD$8.00 al mes darle un dominio con tu nombre (Eso costaba al momento de escribir este libro) Puedes empezar en este enlace: https://es.wix.com/website/templates/html/blog/personal-blog

Una vez hecho el blog escribe sobre temas relacionados a tu especialidad, publica estos en el blog y en tus redes sociales esto te dará más exposición. (Hay un servicio llamada Amplify Lex www.amplifylex.com que escribe y publica los artículos por ti cediendo los derechos de autoría, si no tienes tiempo de escribir puedes utilizar esto)

Busca la oportunidad de dar webinars o conferencias, si no salen las oportunidades organízalos tú, aunque lleguen solo 2 personas los puedes grabar y luego los subes a un canal de Youtube.

Nunca ha sido más fácil y económico gestionar nosotros mismos nuestra marca personal.

14.

Excusa: No tengo un buen mentor que me guíe en cómo desarrollar mi cartera de clientes.

Un mentor acelerará mucho tus esfuerzos de generación de negocios y te ayudará a mantenerte enfocado en avanzar (Muchas veces solo por la vergüenza de no tener que decirle que no hicimos nada).

Entonces al escuchar esta excusa mi primera pregunta es: ¿A cuantas personas les has pedido que sean tus mentores? Si la respuesta no es por lo menos 10, hago un listado de personas que pueden ser sus mentores con ellos y les pido que les contacte. Si ninguna de estas 10 personas acepta (que nunca me ha pasado) les enviaría a sitios como https://www.micromentor.org/ donde pueden buscar mentores para que les ayuden.

Si ninguna de estas opciones es la adecuada, ¡sal al mercado! No hay mejor escuela que hacer las cosas, a lo mejor en el camino de relacionarte con tu mercado, surge un mentor.

15.

EXCUSA: LA COMPETENCIA ES MUY AGRESIVA Y SIEMPRE SE ADELANTAN.

Es imposible que la competencia esté abordando absolutamente todos los mercados de forma eficiente. Si tu competencia ya tiene una reputación muy cimentada en un mercado, busca otro relacionado y enfócate en ese. Si te enfocas de forma consistente en ese mercado, el que bloqueará el acceso a éste de la competencia serás tu.

Ya hablamos del libro de Blue Ocean Strategy para la creación o identificación de mercados, quizá es hora de revisarlo ¿no crees?

16.

Excusa: Mis habilidades están mejor dirigidas a resolver casos, no a generarlos.

Entonces siempre estarás a la merced de quien alguien te quiera asignar esos casos, en las firmas de abogados las escalas de poder muchas veces se inclinan hacía quien tiene más relaciones comerciales y son ellos los que terminan teniendo mayor poder e influencia en la organización.

Tuviste de 5 a 7 años de entrenamiento universitario para aprender a resolver casos, más algunos años de experiencia, ¿Cuánto entrenamiento y práctica has tenido en construir relaciones y captar clientes? La generación de negocios es una disciplina que se puede aprender y lo que debes hacer es empezar a aprenderlo! La bibliografía de este libro es un buen punto de partida, pero si te quieres comprometer aun más en desarrollar estas habilidades puedes inscribirte en nuestro curso de generación de negocios "Done in a Day" en el siguiente enlace: https://doneinaday.bolderconsulting.legal/

17.

Excusa: La gerencia no me da libertad para explorar nuevas oportunidades de negocio.

Si los socios de la firma no promueven que sus asociados aprendan habilidades de generación de negocios, estás en una firma que valora a los profesionales por su capacidad de ejecución. Si tu aspiración en el futuro es ser un abogado ejecutor estás en el lugar correcto. Solo asegúrate que haya un plan de carrera o de crecimiento que te permita avanzar en la firma basado solamente en tu ejecución de trabajo (ya sea por métricas cómo horas facturables, facturación personal etc.)

Si ves que en esta misma firma el poder llegar a ser socio algún día requiere origination de clientes, pero no te dan el espacio para salir y construir relaciones, estas en el lugar incorrecto y no lograrás el crecimiento al que aspiras.

Aunque los socios no te den la libertad para salir y construir relaciones, tienes que encontrar la manera de hacer el tiempo, porque las relaciones que construyas irán contigo a donde estés y serán algún día tu activo más significativo.

Una firma que quiere crecer en equipo, que tiene una cultura institucional sólida y quiere que sus abogados crezcan dentro de la organización, siempre verá la generación de negocios cómo algo positivo y lo propiciará.

18.

Excusa: No tengo presupuesto para asistir a eventos de networking.

Manda un correo a e.paiz@bolderconsulting.legal con una descripción de tu mercado objetivo y país de residencia y te ayudaremos a encontrar eventos gratuitos de networking. Si no los estás encontrando puede que el mercado que estás abordando no está bien definido, entonces el problema no es presupuesto, es una definición muy amplia o ambigua de tu mercado.

19.

Excusa: Es difícil medir el retorno de inversión en desarrollo de negocios, prefiero no arriesgarme.

Medir el retorno de inversión es muy sencillo, cuánto se le facturó a mi cartera de clientes este año, esta es la única métrica que importa. Lo que sí resulta difícil muchas veces es determinar la causalidad directa entre alguna actividad de acercamiento al mercado y la composición de mi cartera. Muchas veces el mercado nos identifica y aborda por una combinación de actividades, no necesariamente solo una.

En virtud de esto, la generación de negocios y exposición ante determinado mercado debe ser consistente y prolongada para adquirir la visibilidad suficiente para que los clientes quieran establecer una relación con nosotros y elegirnos cómo sus proveedores de servicios.

Míralo cómo una inversión financiera, cuánto estoy dispuesto a invertir en construir relaciones este año y ampliar mi cartera de clientes, y mantente dentro de ese monto. Este monto debes estar cómodo en "perderlo" completo si no lograras generar ni una relación que redunde en la contratación de servicios legales. Pero, aunque ese año no lograses ni una, el valor de haber ampliado tu reconocimiento de mercado y construido relaciones siempre es una buena inversión, que dará réditos en algún momento.

20.

Excusa: No quiero parecer desesperado por conseguir clientes.

Existe una gran diferencia entre ser desesperado y ser proactivo, y entre vender transaccional y construir relaciones. Enfócate en construir relaciones a largo plazo, más que en vender servicios legales de forma agresiva. No busques la transaccionalidad sino la relación, esto te permitirá no parecer que estas "vendiendo" sino que estás relacionándote con el mercado.

Si no construyes tu cartera de clientes lo antes posible si puedes terminar en una posición en la que te veas desesperado, cuando tus ingresos disminuyan considerablemente y no puedas pagar la renta si no captas un cliente, o si tu permanencia en la firma depende de que traigas clientes en forma acelerada... en estas circunstancias si te verás desesperado... porque lo estarás.

El mejor momento de construir relaciones es cuando crees que no las necesitas, así ya están ahí cuando las necesites de verdad.

21.

Excusa: Mi área de práctica es muy sofisticada y eso no atrae a muchos clientes.

Mientras más sofisticada el área de práctica, más rentable es cada asunto que atendemos en esta. Si tus servicios son de Alto Expertise donde debes dedicar mucho tiempo es en identificar claramente tu mercado y en que momento necesitan de tus servicios, para asegurarte de comunicar muy claramente en qué situación se debe encontrar un cliente o lo que puedes ayudarles a construir para que te tengan en mente en ese momento. Mientras más sofisticados los servicios, más claro debe ser el mercado y la exposición ante este mucho más intensa y estratégica, para que piensen en ti al llegar ese momento.

Por otro lado, mientras más sofisticados los servicios, más altas las tarifas. Enfócate en las relaciones correctas, no en la cantidad de relaciones ya que con 2 o 3 al año será suficiente.

22.

Excusa: No me siento cómodo hablando con desconocidos sobre negocios.

El networking no siempre se trata de hablar de negocios inmediatamente, sino de construir relaciones auténticas. Al principio, enfócate en encontrar intereses comunes y establecer una conexión personal. Si cambias el enfoque de "quiero que sean mis clientes" hacía "Quiero conocer más personas interesantes en los mercados que me interesan" la presión baja y te vuelves más natural en tus interacciones. Deja de buscar una "venta" en cada evento de networking al que vayas y enfócate en pasarlo bien y conversar.

Algo que ayuda es asistir a eventos con un compañero que sea extrovertido y pueda facilitar las introducciones. A medida que te sientas más cómodo, podrás tomar más iniciativa por ti mismo. También puedes practicar tus habilidades de conversación en entornos menos formales para ganar confianza.

23.

Excusa: No me gusta vender; no me entrenaron para eso.

Vender es esencialmente un intercambio de valor y no necesariamente una transacción. Piensa en ello como informar a otros sobre cómo puedes ayudarles a resolver problemas. Si alguien tiene un ajuste de impuestos encima y conoce a un abogado especializado en materia tributaria, que además ha atendido a varias empresas de su industria, se sentirá aliviado más que incomodo por conocerlo. Pero si no desarrollas las habilidades para que esa persona sepa de ti, lo estás privando de la posibilidad de resolver un problema que no le deja dormir por las noches.

Aprende técnicas de venta consultiva que se centren más en entender y resolver las necesidades del cliente, en lugar de simplemente empujar un servicio.

24.

Excusa: Los clientes potenciales suelen buscar firmas con más recursos.

No todos los clientes son para todas las firmas ni todas las firmas para todos los clientes.

Muchos clientes valoran la atención más personalizada que pueden obtener de abogados o firmas más "boutique", y a menudo, la eficiencia y especialización pueden superar el tamaño de una firma.

Destaca tu especialización y sé consistente en un mercado esto te abrirá las puertas independientemente del tamaño de tu firma. Además, recuerda no todos los clientes son iguales, no todos valoran más el tamaño y los recursos sobre la cercanía y la especialización, busca abordar un mercado que aprecie tus diferenciadores cómo una ventaja más que cómo una debilidad.

25.

Excusa: Mi perro se comió mi teléfono celular y perdí todos mis contactos.

Es importante tener un "backup" de toda la información que esté en nuestro celular en todo momento. En caso que no lo tengas, puedes hacer una búsqueda en LinkedIn u otras redes sociales para contactar a las personas que te interesan por ahí y empezar a reconstruir tu lista, o buscar nuevos contactos en actividades de networking o grupos de industria, quizá es buen momento para renovarte.

26.

Excusa: No sé cómo utilizar las redes sociales para generar negocios.

Las redes sociales son herramientas para establecer tu marca personal y profesional, pero salvo algunos servicios y mercados no son el canal primordial para crear relaciones. Ve las redes sociales cómo un escaparate para fortalecer tu marca, no cómo un recurso para generar clientes desde cero. Una vez cambias ese enfoque, tus interacciones se vuelven más genuinas y quitas la presión de lograr un retorno de inversión al relacionarte con la red. Comienza con algo simple como actualizar tu perfil de LinkedIn y dirigirlo a los servicios en los que te especializas y hacía los mercados que te interesa abordar, con esto ya iras suficientemente encaminado.

27.

Excusa: Me preocupa no poder ofrecer el mismo nivel de servicio si aumento mi cartera de clientes.

Si tienes esta preocupación el problema no está en la generación de negocios sino en tus habilidades para delegar y construir equipos.

El aumento en la cartera de clientes siempre llevará una curva de aprendizaje que afectará un poco la calidad, lo que debes asegurarte es que esto no sea tan dramático que pueda generarle un problema al cliente. El "negocio" del derecho está en las economías de escala, y para lograr estas economías debes crear equipos de soporte a tu alrededor, sino la única forma en que aumentarás tus ingresos es aumentando tus tarifas y muchas veces la elasticidad del mercado no aguanta aumentos constantes de tarifas.

Existen cursos y consultores para aprender a delegar, hasta hay algunos especializados en el sector legal, puedes empezar por leer el contenido de este consultor: https://www.danwarburton.com/ y luego buscar uno que se acople a tus necesidades y circunstancias personales, o trabajar con Dan es muy bueno.

28.

EXCUSA: PREFIERO CONCENTRARME EN MEJORAR MIS HABILIDADES LEGALES ANTES QUE EN ATRAER CLIENTES.

¡Es porque es tu zona de confort! Recuerda que nadie crece manteniéndose en su zona de confort. Si eres un abogado que está en sus primeros 3 o 4 años de carrera está bien enfócate en convertirte en un gran abogado, pero a partir de cierto nivel debes aceptar una realidad: Construir una cartera de clientes es lo que impulsará el resto de tu carrera y te dará libertad, flexibilidad e influencia. Llega un momento en que no basta solo ser excelente abogado, debes ser excelente abogado y excelente en construir relaciones.

29.

Excusa: No es ética la generación de negocios.

En Latinoamérica existen algunos lineamientos en los códigos de ética profesionales que pueden parecer que limitan las actividades de generación de negocios. Sin embargo, la mayoría de estos a lo que hacen mención es a la PUBLICIDAD y publicidad y generación de negocios son dos disciplinas muy distintas. LA generación de negocios descansa en la construcción de relaciones, la PUBLICIDAD en presentar una oferta de forma masiva. Sería imposible para un abogado obtener clientes si no se le permite construir relaciones, porque una relación es el inicio de la confianza, que es el cimiento de una relación profesional.

Eres un experto en interpretar la ley para tus clientes, interpreta cualquier limitación a la generación de negocios de forma que te permita construir relaciones y tu marca personal, no te escudes en esto para no salir de tu zona de confort.

Además, recuerda, la mayoría de estos códigos se escribieron cuando ni siquiera existía el Internet y algunos hasta regulan cosas cómo la posibilidad de aparecer en las paginas amarillas o la entrega de tarjetas de presentación.

Y por último hazte la siguiente pregunta: ¿A cuántos abogados han sancionado en tu jurisdicción por construir relaciones de negocios, tener redes sociales o una pagina web?

30.

EXCUSA: LOS BUENOS CLIENTES SON POR REFERENCIAS, Y NO TENGO MUCHAS.

Mientras más relaciones construyas, más posibilidades de obtener referencias. En este punto lo importante es asegurarnos que cualquier relación que tengamos sepa que agradecemos las referencias y estén conscientes de los servicios en los que nos especializamos y los mercados que nos interesan. Así, cuando tu primo conozca a un gerente de recursos humanos sepa que es alguien que te interesa conocer y pueda ponerlos en contacto. No es tanto que no obtenemos referencias por falta de relaciones, es que nuestras relaciones no saben ¿Qué hacemos? ¿Para quién lo hacemos? Y que agradecemos que nos refieran.

31.

Excusa: Soy introvertido, lo que me hace networking difícil.

El networking no es la única forma de establecer relaciones para generar negocios.

Los contactos en frio en un evento de networking pueden ser intimidantes, es por ello que será mejor posicionarnos para no tener que ir a estos eventos a "abrir grupos". Hazte parte de un grupo de industria, pero no te enfoques en las asambleas o reuniones masivas, involúcrate en un comité pequeño y conoce a los otros miembros en las reuniones de trabajo. Luego involúcrate en otro. Cuando ya tengas una relación con unas 5-6 personas pregúntales si irán a la próxima reunión grande o asamblea y ve con ellos, ellos se encargarán de presentarte más gente. Recuerda, no es necesario que hables con 50 personas en un evento de networking, es mejor lograr 2 o 3 conversaciones memorables que permitan que se construya una relación, y nadie dijo que estas interacciones deben empezar desde cero, puedes posicionarte de forma que alguien te los presente.

32.

Excusa: No tengo suficiente experiencia o credibilidad en el mercado.

La experiencia solo te la dará... la experiencia. Es por ello que mientras más joven eres más te beneficias de especializarte en un servicio para un mercado. Esto acelerará tu exposición a oportunidades que te dan experiencia y te dará credibilidad en un mercado definido. Si te ven dando 5 conferencias al año, escribiendo 10 artículos, siendo miembro de comités de industria y rodeado de gente de un mercado definido constantemente, esto aumentará tu credibilidad y experiencia... independientemente de tu edad.

Experiencia y credibilidad no son directamente proporcionales a tu edad, son directamente proporcionales a la cantidad de tiempo que dedicas perfeccionando un servicio y relacionándote con un mercado.

33.

Excusa: Mis intereses están en la práctica del derecho, no en el aspecto comercial.

Respuesta: Entender y gestionar el aspecto comercial de tu práctica es indispensable para asegurar su sostenibilidad y tu independencia profesional.

Acción: Integra pequeñas tareas de desarrollo de negocio en tu rutina diaria, como revisar contactos y enviar correos electrónicos de seguimiento o publicar en tus redes sociales.

34.

EXCUSA: LA FIRMA NO ME APOYA CON RECURSOS ADECUADOS PARA QUE PUEDA DEDICARME A GENERAR NEGOCIOS.

La estrategia de la firma con relación a la generación de negocios de sus socios o asociados no es algo que tú controles, lo que sí controlas es lo que decides construir por ti mismo. Para generar negocios el único recurso que se necesita es tiempo, si has pensado bien tu mercado objetivo. Asegúrate que el tomador de decisiones dentro del mercado que elegiste sea una posición a la que puedas tener acceso que no requiera de una gran inversión de recursos. Que sean personas que estén dentro de tu circulo de influencia, con base en tu misma localidad y que se reúnan en algún lado de forma consistente. Si identificas bien a tu tomador de decisiones podrás acercarte a ellos sin una inversión considerable de recursos.

35.

Excusa: Mi enfoque está en ser un buen abogado, eso debería atraer clientes naturalmente.

Ser un buen abogado es importante, pero sin visibilidad, los clientes potenciales no podrán encontrarte.

El desarrollo de negocios y una excelente calidad técnica deben ir de la mano. Antes cuando el mercado no estaba tan saturado era suficiente ser un abogado competente para que la gente te refiriera y eso garantizaba un flujo constante de clientes. Hoy por hoy ser un abogado competente es solo el punto de partida, tienes que relacionarte con el mercado activamente para no perderte entre los cientos de mensajes que tu competencia está dirigiendo hacía tus mercados.

36.

Excusa: Preferiría que alguien más en la firma se encargara del desarrollo de negocios.

Los servicios legales descansan sobre la confianza que se tiene entre dos personas que entablan la relación. Las empresas no contratan firmas, las personas contratan personas cuando se refiere a servicios legales. Es por ello que la generación de negocios para ser efectiva debe descansar en los hombros del abogado, porque al ser él el experto será quien trasmita confianza al cliente. En servicios legales de cierta complejidad no es eficiente tercerizar esta labor.

Si te dedicas a servicios legales comodotizados (traspasos de vehículos, legalización de documentos, algunos tipos de contrato) donde el interés del cliente es solo en obtener un producto final, puede que tercerizar esta labor sea eficiente, pero si es un servicio legal que requiere interpretación, aplicación de la ley al caso concreto y una asesoría del abogado, la tercerización en la generación de negocios está destinada a fracasar.

37.

Excusa: Voy a heredar una cartera de clientes del socio que se retira, con eso me basta

Los clientes no son un activo que se puede heredar, si no has establecido una relación personal con ellos no desarrollarán una lealtad contigo y pueden sustituirte. Además la gente es sustituida, se retira o se muere y cuando nuevas personas toman las riendas generalmente vienen con sus abogados... en los cuales confían. Si por situaciones que están fuera de tu control la cartera de clientes de la que dependes tu y el personal de tu firma empieza a disminuir, si no tienes las habilidades para originar nuevos clientes tu firma se irá reduciendo hasta su desaparición... piensa en eso.

38.

Excusa: Me siento incómodo pidiendo referencias a mis clientes actuales.

Pedir referencias debería ser parte natural de tu interacción con los clientes, especialmente después de que la relación se ha consolidado, que ha pasado de un plano estrictamente profesional a un plano de cariño y aprecio. Los clientes nos ven ocupados por lo que piensan que si nos refieren nos están molestando más que ayudándonos, o simplemente no se les ocurre con quien referirnos.

La próxima vez que veas a tu mejor cliente, a ese con el que tienes confianza, que le felicitas el cumpleaños, sabes el nombre de su esposa y sus hijos y has ayudado durante años, pídele una referencia y luego Pregúntale si eso lo incomodó, si se sintió incomodo te regalo una hora de asesoría gratis conmigo la cuál puedes agendar en este enlace: https://calendly.com/eduardo-paiz-bolder/60min

39.

Excusa: No tengo la personalidad para el tipo de venta agresiva que es necesaria hoy en día.

¡La generación de negocios no son ventas! Y ser agresivo logrará exactamente lo opuesto a lo que estamos buscando que es construir una relación. Deja de ver la generación de negocios cómo un vendedor de seguros funerarios, de enciclopedias de puerta o en puerta o telemarketing. La generación de negocios en el sector legal es una maratón no una carrera, es relacional no transaccional, es compleja no inmediata. Los abogados más exitosos del mundo son aquellos que se toman el tiempo necesario para construir sus relaciones y eligen aquellas personas que son el "fit" correcto para ellos y los servicios que prestan.

40.

Excusa: No me beneficiaría a mí directamente, así que no veo el punto.

Aunque en tu firma no haya comisiones por originación de clientes o algún otro indicador de desempeño relacionado recuerda que las relaciones que construyas siempre serán tuyas e irán contigo a donde quiera que vayas. Aunque origines un cliente y se quede en tu firma anterior siempre esa persona te podrá abrir puertas en otros lados y mientras más amplia sea tu red de contactos, más será tu valor como profesional si decides hacer un cambio. Además si empiezas a generar clientes, y el flujo que estás trayendo es importante para la firma siempre puedes renegociar tus condiciones, recuerda que las escalas de poder en las firmas de abogados están muy relacionadas a quien logra originar a los clientes, aprovecha ese capital personal que tienes para construir las condiciones que esperas para ti.

41.

Excusa: Creo que mi trabajo debe hablar por sí mismo; no debería necesitar venderme.

Tu trabajo debe ser excelente, esto es lo mínimo que esperan tus clientes. Sin embargo, hay otros abogados ahí afuera que también son excelentes. Será más probable que te elijan a ti por sobre otro abogado igual de competente si te conocen, confían en ti y tienen alguna relación contigo. Ponte a pensar: ¿Cuántos abogados que no son tan buenos cómo tu, tienen más clientes que tu? Si el trabajo fuera suficiente esta circunstancia no sucedería, pero sucede.

El tener más clientes te hace ver como un abogado más competente, así que suma eso a tu excelente capacidad técnica y se multiplicarán tus oportunidades, no dependas solo de una, porque el mercado no te descubrirá si no te expones a ser descubierto.

Si has estado poniendo atención identificarás que no fueron 40 excusas sino 41, hay una única excusa que no es real y no ha sido dicha por un abogado. Si la identificas y me envías un correo a e.paiz@bolderconsulting.legal, te obsequiaré una hora de consultoría en generación de negocios en la cual te ayudaré a definir tus servicios y mercados, así cómo a romper cualquier objeción que aun tengas y cómo afrontarla.

Sobre el autor

Eduardo José Paiz Cerezo: Consultor de Estrategia y Generación de Negocios para el Sector Legal.

Desde la fundación de Bolder Legal Consulting Group, Eduardo ha estado redefiniendo la manera en que los abogados abordan la generación de negocios, ofreciéndoles un enfoque más sencillo y desmitificado. Antes de fundar Bolder Legal Consulting, Eduardo dejó su huella en diversas consultoras internacionales como consultor asociado y también se desempeñó como Director Regional en una de las firmas más prominentes de Centroamérica. Su visión trasciende la generación de negocios y se extiende a la estrategia dentro del sector legal, donde asiste a las firmas de abogados en temas estructurales de la operación de sus organizaciones.

Es creador de la metodología de generación de negocios diseñada para el sector legal, "47 Minute Kickstart", la cual transmite a los abogados de forma individual en sus talleres "Done in a Day" (https://doneinaday.bolderconsulting.legal/), o en el programa extendido para firmas "Building an Empire".

Autor del libro "Mi Primer Millón Como Abogado", Eduardo es una voz líder en la gestión estratégica de firmas jurídicas. Ha impartido clases en instituciones universitarias como la Universidad de los Andes y la Universidad Francisco Marroquín y ha publicado cientos de artículos relacionados con la estrategia de firmas de abogados y la generación de negocios para el sector legal. Expande su expertise a un público más amplio a través de su canal de YouTube, Young Partner Series, entrevistando a influyentes managing partners de Latinoamérica para explorar las diversas facetas del rol de un socio en la región.

Como director ejecutivo de Young Partners Retreat Latam, el único programa diseñado para entrenar abogados en su transición de asociados a socios, Eduardo no solo juega en las grandes ligas; él ayuda a definirlas.

Es padre de dos hermosas niñas, orgullosamente casado, y cuando no está ayudando a abogados a generar más negocios (o generándolos él mismo para su consultora) puede encontrarse buceando con tiburones o planificando la siguiente aventura internacional para él y su familia.

Nota final: Me apasiona ayudar abogados y he visto como su vida sus carreras y su percepción a si mismos cambia en el momento que empiezan a generar negocios por si mismos, es mi pasión colaborar en estas transformaciones. Se que no muchos no me tomarán la palabra, muchos otros si pero de verdad estoy dispuesto a ayudar. Así que si tienes alguna duda con relación a la generación de negocios en la cuál yo pueda ayudar recuerda este ultimo consejo: No toda ayuda debe llevar factura y la mejor forma de construir una relación es ayudando a la otra persona, con esto en mente no dudes en contactarme, si está dentro de mis posibilidades será un gusto ayudar, y si no lo está dirigirte con quien si pueda hacerlo.

No estas solo en esto,

Con mucho cariño,
Eduardo.

CONTACTO:

EMAIL: e.paiz@bolderconsulting.legal

LINKEDIN: https://www.linkedin.com/in/eduardo-paiz/

TELÉFONO / WHATSAPP: Vamos paso a paso este te lo doy en nuestra primera reunión!

www.ingramcontent.com/pod-product-compliance
Lightning Source LLC
Chambersburg PA
CBHW071959210526
45479CB00003B/997